Se não é carinho nem proteção, pode ser...

Coleção
MOCHILA DE PERGUNTAS

Se Não é Carinho nem Proteção, Pode Ser... — Uma roda de conversa franca e responsável com foco na prevenção ao abuso sexual infantojuvenil

COORDENAÇÃO EDITORIAL
Karol Oliveira

REVISÃO
Natália Castro

DIREÇÃO DE ARTE
Tiago Rabello

ILUSTRAÇÃO E DIAGRAMAÇÃO
André Santos

B624 Bittencourt, Raquel Simplício Netto.
Se não é carinho nem proteção, pode ser... : uma roda de conversa franca e responsável com foco na prevenção ao abuso sexual infantojuvenil / Raquel Simplício Netto Bittencourt.
– Belo Horizonte : Artesã, 2021.
60 p. ; 23 cm.
ISBN: 978-65-86140-62-0

1. Educação sexual. 2. Prevenção. 3. Abuso da criança. 4. Violência na criança. 5. Psicologia da criança. 6. Educação. 7. Relações pais-criança. I. Título.

CDU 37:613.9

Catalogação: Aline M. Sima CRB-6/2645

IMPRESSO NO BRASIL
Printed in Brazil

(31) 2511-2040 (31) 99403-2227
www.artesaeditora.com.br
Av. Rio Pomba 455, Carlos Prates- Cep: 30720-290 | Belo Horizonte - MG
/ artesaeditora

APRESENTAÇÃO DA COLEÇÃO "MOCHILA DE PERGUNTAS"

A Coleção Mochila de Perguntas tem como objetivo contribuir com o desenvolvimento saudável de crianças e adolescentes. E claro, oferecer aos pais, educadores e profissionais envolvidos com o acompanhamento dos pequenos, informações preciosas e fundamentais para descomplicar o universo de indagações. Algumas manifestadas de forma espontânea e outras, sem respostas, adormecem no mundo do "isso não é coisa de criança."

Com uma linguagem simples e sincera, a coleção apresenta temas "difíceis", mas nada complicado quando o assunto é tratado de forma responsável e com afeto, dentro de uma relação de confiança. O foco sempre está vinculado à prevenção primária, como forma de salvar vidas, proteger e amenizar sofrimentos. E, para isso, a melhor ferramenta é a informação adequada e verdadeira, que reaviva o sentimento de "pertencimento social", ou seja, crianças e adolescentes, mesmo diante da dúvida ou sofrimento, precisam sentir amadas, respeitadas e saber que tem direitos à proteção e segurança.

Os livros merecem ser lidos e estudados por crianças e adolescentes, suas famílias e adultos interessados nos assuntos difíceis, rodeados de mistérios.

APRESENTAÇÃO

Meninos e Meninas,

Eu sou Raquel Simplício Netto Bittencourt, autora do livro Mochila de Perguntas: informações sobre o câncer ao alcance dos pequenos e dos grandes.
Depois que escrevi esse primeiro livro, que também fala de um tema difícil, percebi no contato com o público que existem outros assuntos que se não forem falados muitas meninas, meninos e famílias continuarão sofrendo.
Então resolvi, dessa vez, escrever sobre a prevenção ao abuso sexual infantojuvenil. O tema é muito sério e, embora cheio de mistérios, não podemos deixá-lo escondido atrás dos nossos medos, dúvidas e sofrimento. Desse modo, estaremos eternizando a lei do silêncio e da omissão.
Sei que vocês gostam de saber das coisas e de fazer perguntas. Eu também gosto. Aprendi que fazer e responder perguntas são formas simples e sincera de enfrentar os desafios da vida. Uma boa pergunta pode até não ter uma resposta satisfatória, mas faz o mundo girar de forma mais justa e igualitária. Quem sabe assim diminuiremos o sofrimento e multiplicaremos sonhos e esperanças de muita gente.
Bom, dedico este livro, **"SE NÃO É CARINHO NEM PROTEÇÃO PODE SER... Uma roda de conversa franca e responsável com foco na prevenção ao abuso sexual infantojuvenil**" a vocês, crianças, adolescentes e adultos que, acreditam no poder da informação como medida de prevenção e proteção.

Com carinho,
Raquel Simplício Netto Bittencourt

"E aprendi que se depende sempre
De tanta, muita, diferente gente
Toda pessoa sempre é as marcas
Das lições diárias de outras tantas pessoas."

CAMINHOS DO CORAÇÃO,
CANÇÃO DE GONZAGUINHA

MENSAGEM DE GRATIDÃO

"A gratidão é a semente das conquistas." Bonito sentimento quando reconhece que o trabalho não foi cultivado sozinho, principalmente, quando você consegue parceiros e motivação para seguir em frente e deixar florescer mais um projeto desafiador.

A história dessa obra surge das minhas inquietações, perguntas e indignação frente ao sofrimento de muitas crianças, adolescentes e famílias. Sem assumir a minha escolha e sem a generosidade de algumas pessoas, algumas apreensivas, outras entendendo a escolha e urgência da abordagem de mais um tema que parece impertinente, sei que não seria fácil tecer e comemorar essa conquista.

Por isso, a minha gratidão a todos que aceitaram estar ao meu lado, ajudando a plantar essa semente. É com a força do nosso compromisso que ajudaremos a mudar nossa sociedade e oferecer o que tem de melhor na vida para nossas crianças e adolescentes: informação simples e sincera.

Divido a minha alegria e emoção com toda família: Simplício Netto Bittencourt, destaco aqui meus pais Edisson e Maria, meu amado Agnus, minhas irmãs, irmão, cunhados e cunhadas, minha prima Alcionéia Santiago Simplício Neves e, principalmente, os meus sobrinhos.

Pelo auxílio na construção e incentivo para a publicação do livro, que não me fez desistir, meus aplausos vão para as professoras e amigas da vida: Ednéa Rossi de Souza Lima, Magally Firmo Ferraz e Magda Lúcia de Assis Vieira de Souza. Honro aqui, *in memoriam*, a eterna amiga Professora Luciana Marcello.

Foi uma honra receber o retorno positivo para seguir com o projeto focado na prevenção primária, abordando um tema difícil, triste e que deixa aberta a ferida da nossa realidade social, segue meus aplausos para o psicólogo e psicanalista Marcell Felipe Alves dos Santos e a psicóloga Mayra Amado Barcelos de Oliveira.

À equipe da Artesã Editora aplausos regados de entusiasmo pela acolhida do projeto, dedicação e parceria na arte de cultivar sonhos. Que nunca me falte fé, alegria, coragem e saúde para seguir acreditando na vida e no ser humano.

Gratidão sempre a Deus!

PERSONAGENS

MARIA CLARA

MIGUEL

MARINA

LUCAS

ELISA

ANTÔNIO

MAGALI

CAIO

PROFESSORA LUCIANA

DIRETORA TALITA

O segundo semestre já havia iniciado na escola de Miguel e Maria Clara. O clima era de festa e a turma estava muito feliz.

E você sabe o motivo?

A professora Luciana voltou para a escola. O tratamento contra o câncer de mama foi um sucesso e ela já estava bem para trabalhar!

A professora também estava com saudades da criançada. No primeiro dia de aula ela recebeu os alunos com muito carinho. Os alunos retribuíram alegres, oferecendo flores, cartazes de boas-vindas, tudo feito com cheirinho de gratidão. A emoção tomou conta nos primeiros dias, abraços, beijos, histórias e muitas risadas.

Como em toda escola, os primeiros dias do semestre são destinados para o planejamento. E hoje é o dia que a diretora Talita vai divulgar o tema geral da Feira dos Direitos Humanos. Essa feira sempre acontece no dia 10 de dezembro, dia do aniversário da Declaração Universal dos Direitos Humanos, que foi estabelecida nessa data no ano de 1948. Os preparativos da feira na escola envolvem muitos estudos, pesquisas e ensaios. As crianças se dividem em grupos de trabalho e cada grupo tem o seu coordenador. Para esse ano, o tema selecionado foi:

SE NÃO É CARINHO NEM PROTEÇÃO PODE SER...

Miguel foi escolhido para coordenar o seu grupo de trabalho. Nesse dia, também ficou sabendo que a missão do grupo não era nada fácil. Dentre os assuntos sugeridos, o seu grupo ficou responsável em preparar uma campanha sobre a importância da prevenção ao abuso sexual de crianças e adolescentes.

É... com-ple-xo! Muita gente também deve achar que é mais um assunto que não deve ser falado com crianças, mas não é bem assim. O foco do trabalho escolar é informar, divulgar e garantir os direitos das crianças e adolescentes. E o que não falta em nenhuma escola são crianças e adolescentes que precisam de cuidados e de proteção.

Também falar sobre esse assunto não é nada impossível para os colegas e o irmão da Maria Clara, essa é conhecida como a menina que tem uma mochila de perguntas.

Ah, se você não sabe da história da Mochila de Perguntas te falo rapidinho: um tempo atrás a professora Luciana precisou ficar afastada da escola para fazer um tratamento contra o câncer. A Maria Clara ficou tão interessada em saber sobre a doença e ajudar a professora que um dia adormeceu e sonhou. No sonho, Maria Clara caminhava por um bosque, levando sua mochila amarela cheia de perguntas sobre a doença do câncer. No meio do caminho, encontrou um sábio, daqueles iluminados e simpáticos, e logo começaram a conversar. O bate-papo foi muito legal, pois o Sábio Senhor Tempo respondeu várias perguntas que estavam na mochila da Maria Clara. A partir daí Maria Clara sempre guarda em sua mochila perguntas de assuntos que lhe interessa e acha importante procurar respostas.

DECLARAÇÃO
UNIVERSAL
DOS
DIREITOS
HUMANOS

O CORPO HUMANO
ECA
ANATOMIA

Agora, voltando para a missão grupo de trabalho, Miguel logo se reuniu com seus colegas na biblioteca: Caio, Antônio, Marina, Elisa, Lucas, Magali e chamou também Maria Clara para dar umas ideias. Maria Clara logo foi falando:

– Quando a gente não sabe muito sobre o assunto nem o que fazer, faça perguntas! É perguntando que se acha a saída. Eu posso emprestar, ou melhor, compartilhar com vocês a minha mochila de perguntas.

– Maria Clara! Boa ideia! Mas quem vai nos ajudar a responder? – Indagou Miguel, preocupado com a sua função de coordenador.

Lucas logo disse:

– Miguel... podemos pedir ajuda a Professora Luciana, ela é muito inteligente e sempre gostou de falar desses assuntos. A diretora Talita falou que também devemos contar com a ajuda dos pais e dos professores para realizar o trabalho.

Marina logo falou apoiando a sugestão do Lucas.

– É isso ai! Juntos com a professora Luciana e nossos pais vamos desvendar os mistérios de mais um assunto cabuloso.

– Põe cabuloso nisso – resmungou o Caio.

No outro dia, Miguel e seus colegas procuraram logo a professora, falaram sobre a missão do grupo, convidou-a para juntar-se a eles e ajudar a fazer bonito no dia da feira. A professora aceitou o convite e comentou:

– Gostei desse assunto! É um assunto difícil, mas também importante. Como essa turma gosta de saber das coisas, vamos desvendar os enigmas de mais um assunto polêmico e que muita gente tem dificuldade para falar sobre ele. Acredito também que é falando sobre isso que vocês e essa galera bonita vai aprender a se proteger e se defender. Onde vamos nos encontrar para traçarmos as estratégias para nossa missão?

– Na biblioteca da escola, depois da aula. – Disse o Miguel.

– Ótimo! – A professora também alertou aos alunos para não esquecerem de avisar aos pais que ficarão na biblioteca depois da aula.

No dia seguinte, todo mundo na biblioteca com a professora.

– Miguel por onde vamos começar? – Perguntou a professora.

– A minha irmã Maria Clara falou para gente fazer perguntas. Ela vai emprestar a Mochila de Pergunta.

– Maria Clara e sua mochila de perguntas! – Disse rindo a professora. – O que você acha Magali?

– Ela tem razão professora Luciana, eu não sei nada sobre esse assunto. Minha mãe falou que é legal estudar sobre isso, mas tem vergonha de falar. Pena que a mochila é só de perguntas e não de respostas!

– Além de perguntar, o que mais podemos fazer?

– Pesquisar na internet - disse o Caio.

– Ler livros que tem aqui na escola – sugeriu Marina.

– Meu pai falou que quer estudar esse assunto também – comentou o Antônio.

– Minha mãe falou que o assunto tem a ver com educação sexual - falou Lucas meio sem graça.

Nesse momento algumas risadinhas foram dadas. A professora logo focou na atividade.

- Ok. Acho que já temos algumas pistas interessantes. Vamos aceitar sim a mochila de perguntas da Maria Clara. Fazer perguntas é a melhor forma de conhecer e aprofundar o assunto. Fazer pesquisas na internet é bom, mas precisamos ser cuidadosos com os sites que vamos usar. Contar com a ajuda dos pais é importante. Ler alguns livros, junto com os pais, é uma boa e ajudará a formular as perguntas. E, com certeza, é um assunto da área da educação sexual. Vamos falar sobre a vida!

Em seguida a professora apresentou para a o grupo os livros que já tinha separado sob a orientação da responsável pela biblioteca da escola. Cada criança deu uma folheada nos livros e a professora passou a orientação:

– Cada um deve escolher um livro, lê-lo junto com os pais, discutir o conteúdo e formular uma pergunta.

– A senhora vai responder todas as perguntas? - Questionou Elisa.

– Em nosso próximo encontro pensei em colocarmos as perguntas dentro da mochila de perguntas da Maria Clara. Numa roda de conversa vamos retirando uma pergunta de cada vez, juntos vamos conversando sobre o assunto, sobre o conteúdo dos livros e assim organizaremos o material para a campanha. Agora, para casa, todos vocês! Cada um tem a sua tarefa e daqui a sete dias nos encontraremos novamente, aqui na biblioteca. O que o coordenador Miguel acha da proposta?

– Eu acho que vai dar certo, professora Luciana. Também vou pensar como usaremos a mochila de perguntas na roda, além de colocar dentro as perguntas.

Para saber sobre o andamento da tarefa e interesse dos alunos, a professora, durante a semana, perguntou o que os pais estavam achando da leitura do livro e do assunto.

Com seu jeito gaiato Caio falou que a mãe dele disse que eles precisam ler de novo o livro para formular uma pergunta interessante, que os pais também estão estudando uns textos da internet!

Antônio com seu ar sério falou:

- Meus pais estão achando legal, gostaram de ler o livro. Meu pai falou que o assunto é muito sério e que, infelizmente, acontece muito.

- A minha mãe fica com vergonha, mas está interessada. O papai falou que nós vamos ficar craques em assuntos difíceis. - Comentou Marina.

- Minha mãe comprou um outro livro que fala sobre o assunto, é a história da Ritoca, uma coelhinha que fala sobre violência sexual. É muito bacana. - Falou Elisa.

- E os seus pais, Miguel?

- Só ficam falando do assunto! Falando que toda criança precisa ter informação correta mesmo. Que no mundo tem coisas boas e ruins, tristes e alegres. A Maria Clara só fica perguntando sobre isso.

Magali falou que além de ler o livro com o seu pai, assistiu na televisão uma notícia sobre o tema. Que a notícia a deixou triste e com medo.

E Lucas comentou que está lendo o livro com os pais e uma tia, todos acharam interessante saber que a escola está preocupada com esse assunto.

Com esse retorno tão positivo, a professora Luciana ficou encantada com tanto envolvimento dos alunos e das famílias. Também conseguiu pistas para pesquisar mais sobre o assunto.

No dia agendado para a roda de conversa, o grupo já estava na biblioteca, cadeiras dispostas em forma circular. O Miguel trouxe a mochila de perguntas e a Maria Clara também veio junto. Mas tinha gente no grupo preocupada porque não trouxe a pergunta.

Miguel então tomou a frente da condução da atividade resolvendo o problema.

– Oi gente, está aqui a mochila de perguntas com algumas perguntas. Quem não trouxe a pergunta pode participar da roda porque leu o livro e sabe do assunto. Pode ser, professora Luciana?

– Miguel, você é o coordenador, por mim tudo bem. Eu também estudei muito sobre o assunto, li alguns livros, conversei com pessoas que estudam e trabalham com crianças e adolescentes vítimas de abuso sexual e vi alguns filmes. Estou preparada também.

Miguel explicou como seria a dinâmica da roda de conversa e apresentou o verso que fez para passar a mochila com as perguntas entre os participantes da roda, deixando claro que quem estiver com a mochila na hora que o verso terminar deve tirar a pergunta. A professora responde primeiro e quem souber mais também deve falar. Vale inclusive fazer outras perguntas.

Assim a conversa fluiu de forma leve e esclarecedora, perguntas e respostas de mais um assunto difícil e importante.

MOCHILA DE PERGUNTAS EM AÇÃO,
ENTRE NA RODA FEITO PIÃO E
NOS AJUDE A ENCONTRAR A SOLUÇÃO!

Elisa foi a primeira a ficar com a mochila e tirar uma pergunta:

– Professora, o que é abuso sexual infantil?

– Elisa, para essa pergunta, diria que abuso sexual de crianças e adolescente é um ato em que um adulto envolve, oferece presentes ou dinheiro, força uma menina ou menino a fazer parte de atividades sexuais. São atividades abusivas porque são inadequadas para a idade da criança ou do adolescente e prejudicam o desenvolvimento físico e emocional. Os abusos sexuais, podem envolver contatos ou não com o corpo da criança e do abusador. A criança ou adolescente participa porque está sendo envolvido de forma maldosa, está sendo ameaçado e enganado.

Caio foi logo entrando na conversa dizendo que no livro que leu fala que pode acontecer com qualquer criança. – É verdade, professora?

– Infelizmente, o abuso sexual pode acontecer com qualquer criança e adolescente, meninos e meninas, em qualquer família e em qualquer parte do mundo, por isso a importância de falar sobre o assunto.

A mochila passou e a próxima pergunta foi retirada pelo Lucas.

– O que é Educação Sexual?

– Educação sexual é orientar uma criança a conhecer melhor seu corpo, nomear as partes, reconhecer as diferentes sensações e emoções, conviver com as diferenças físicas, entender as relações com as pessoas, saber diferenciar os comportamentos saudáveis e os não saudáveis na convivência com amigos da mesma idade e adultos, como se comunicar e buscar prazer em viver a vida. – Respondeu a professora.

NÃO ME TOQUE!

– Então é falar sobre sexo para criança. Observou Marina.

– Marina, muita gente acha que Educação Sexual é só falar de sexo. Mas não é bem assim. A educação sexual também envolve assuntos sobre a nossa felicidade, alegria e bem-estar, convivência com as pessoas, as formas que lidamos com as coisas que entendemos como certas ou erradas.

Falamos de sexualidade quando estudamos as diferenças entre os corpos feminino e masculino, as diferentes sensações que surgem do contato físico e íntimo entre as pessoas ou quando nós mesmos tocamos nosso corpo, analisamos comportamentos, percepções, desejos e escolhas. Não tem nada de proibido e feio no assunto. É importante saber que qualquer contato tem que ser realizado com o consentimento da menina e do menino, afinal cada um é dono do seu corpo.

– Professora, o que é consentimento? – Quis saber a Magali.

E Maria Clara logo respondeu:

– No livro que eu li, Magali, fala que consentimento é permitir, aceitar, deixar uma pessoa que você gosta e te respeita a tocar no seu corpo, te abraçar, a ficar próxima de você.

A professora Luciana reforçou ainda:

– Muito bem, Maria Clara. Consentir é aceitar ou não, é deixar as coisas acontecerem ou não com respeito a sua vontade e do outro. Consentir é também você falar por você. Vocês estão crescendo e devem aprender a falar ou responder por você, certo? Lembrando sempre que, vocês podem falar com os seus pais sobre suas experiências, desejos e o que incomoda quando está perto ou convivendo com outras pessoas. Assim, juntos avaliarão a situação e se a permissão é adequada para sua idade. Outra coisa importante é saber que você pode mudar de ideia quando sentir vontade, principalmente, diante de algum desconforto. O bacana é saber falar com respeito para a outra pessoa.

Mochila passando de mão em mão e agora quem ficou com ela foi o Antônio. Que antes de ler a pergunta ficou meio vermelho e rindo.

– Professora, aqui está perguntando assim: quais são as partes íntimas do menino? E quais as partes íntimas da menina?

– Quando estudamos sobre o corpo humano aprendemos sobre as partes íntimas do corpo da menina e do menino. Antônio, você sabe falar quais são?

A criançada caiu na gargalhada e o Antônio falou meio tímido:

– Eu sei, mas vou falar só as partes do corpo do menino, do jeito que estava escrito no livro que eu li e tem no livro quando fala das partes do corpo humano.

– Tudo bem! Fale para gente e se souber os apelidos pode falar também.

– São partes do corpo do menino que são diferentes do corpo da menina. No corpo do menino são partes íntimas: os mamilos (peitinhos), nádegas (bumbum), bolsa escrotal e o pênis .

– Muito bem! A bolsa escrotal é onde ficam os testículos, tem apelido de saco e o pênis tem vários apelidos, o mais conhecido é pinto ou pipiu.

A criançada riu e Elisa logo falou que sabia falar sobre as partes íntimas da menina, porque também tinha lido no mesmo livro e a mãe dela já tinha lhe ensinado.

– As partes íntimas da menina são: os peitinhos que são as mamas ou seios, as nádegas que é o bumbum ou bunda, e também tem a vulva que é chamada de pepeca ou perereca. São partes que não podemos tocá-las em qualquer lugar. E nem deixar ninguém as tocar sem a nossa permissão.

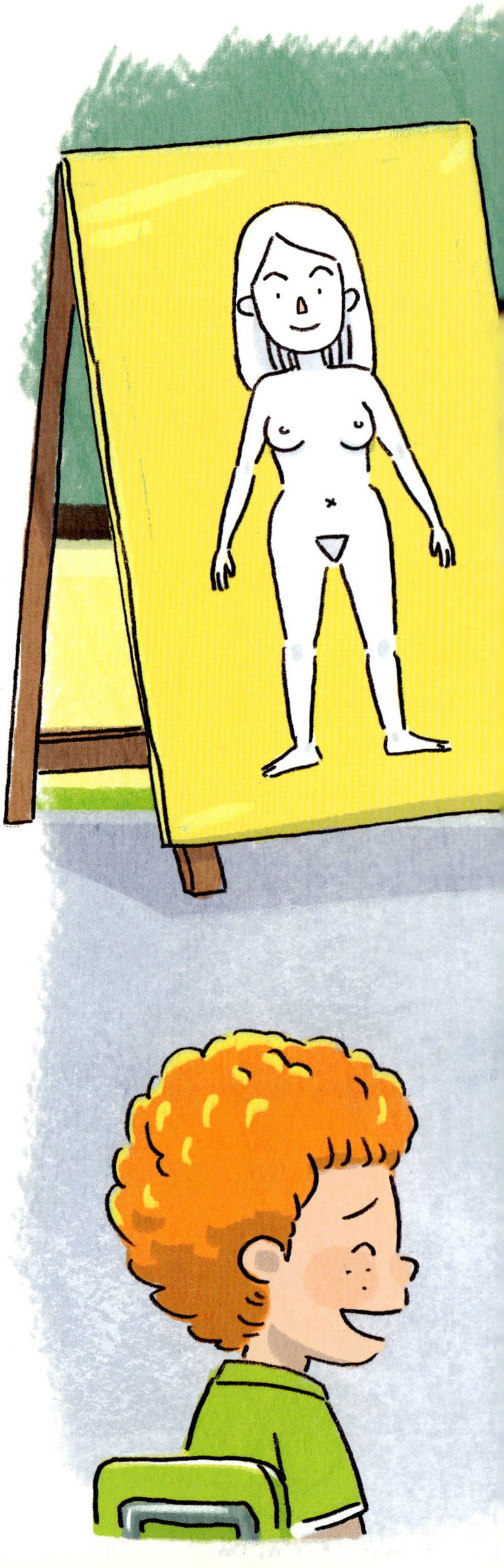

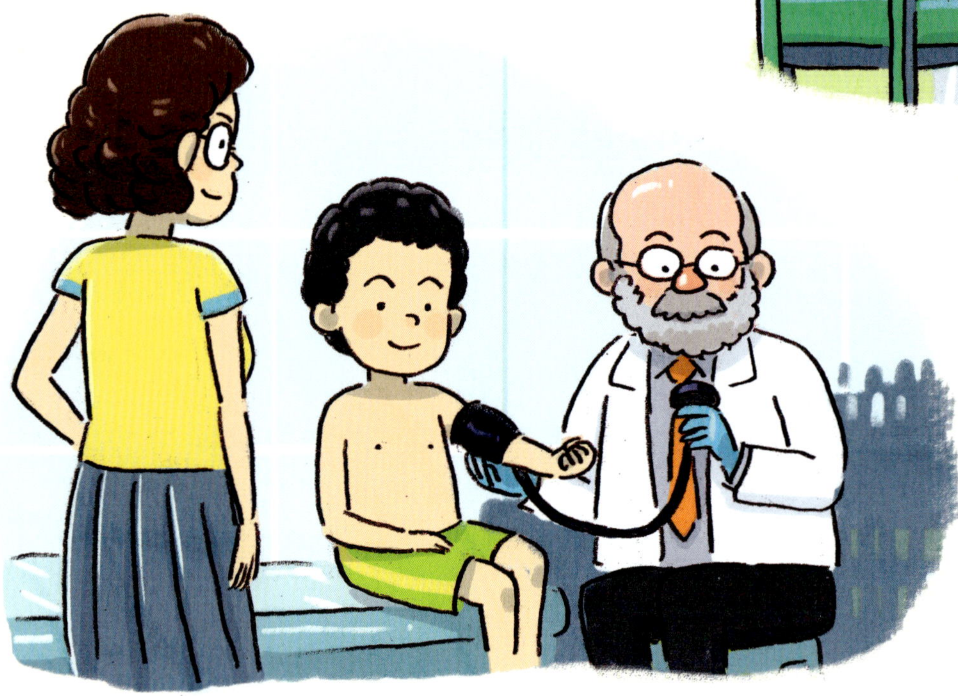

A professora aproveitou as risadinhas de alguns para reforçar o que considera importante:
- Vocês estão crescendo, estão conhecendo melhor o seu corpo e já conseguem cuidar dele sozinho, fazendo a sua própria higienização. Percebem suas transformações. O corpo não é mais de uma criança e também não está formado como o corpo de um adulto. Vocês estão na fase da adolescência. O termo partes íntimas quer dizer que são partes do corpo de uma pessoa que devem ser respeitadas e não são só os genitais.
- Todo nosso corpo pode reagir aos toques, que podem gerar sensações boas. É importante conhecer e tocar o próprio corpo, saber o que é bom ou ruim quando estimulado. Realmente, as partes íntimas citadas por vocês não devem ser tocadas em qualquer lugar nem aceitar que as pessoas as toque de forma desrespeitosa e maldosa. O corpo humano não é brinquedo, por isso não se deve permitir que outra pessoa brinque com o seu corpo, como também não se deve brincar com o corpo de outra pessoa. - Continuou a professora.
- Então, saber nomear as partes do corpo, conhecer as suas reações e aceitar seus sentimentos é importante. Assim vocês saberão diferenciar situações boas das ruins e se precisar, pedir ajuda e proteção. Agora, vocês já sabem os nomes certinhos e não precisam ficar usando os apelidos! - Finalizou.
Atenta a explicação da professora, Magali falou:
- Eu preciso de ajuda para me vestir e quando vou ao médico, ele toca no meu corpo.
- Ah, sim! Pode acontecer de qualquer criança ou adolescente precisar de auxílio para vestir uma roupa, cuidar do corpo ou ter que fazer uma consulta médica. Não é só no seu caso. São condições especiais. Essa ajuda deve ser pedida para pessoas de confiança. No caso de uma consulta, o médico e a enfermeira são profissionais que cuidam da nossa saúde, são pessoas que também se espera cuidados e proteção. E nessas situações, quase sempre mamãe ou o papai ou um familiar estará próximo de você, não oferece tanto risco.

Dessa vez a mochila ficou com a para a Maria Clara, que também tirou uma pergunta:

– Qual a diferença entre toques legais e toques não legais?

– Alguém leu sobre esses toques? – Perguntou a professora.

Lucas falou: – É quando a pessoa encosta, pega na gente. Tem uns que são bons outros são chatos.

– Sim, são toques recebidos por outra pessoa. Tem a ver com o contato físico entre as pessoas e com o consentimento ou não do toque. Na convivência com as pessoas adultas ou com outras crianças temos muitas formas de manifestar nosso carinho, atenção e brincadeiras. Muitas vezes o contato físico é legal e permitido, principalmente, quando nos deixa felizes, com vontade de ficar perto da pessoa, de brincar, sorrir e festejar. O toque legal é permitido quando, precisamos de ajuda para vestir uma roupa complicada; quando estamos na consulta médica, abraçamos as pessoas conhecidas, seguramos a mão para passear, quando queremos um carinho, brincamos de cócegas, são toques legais. Aceitamos o toque e sabemos que a pessoa que está oferecendo é de nossa confiança e nos faz feliz. Consentimos porque nos faz sentir bem e protegidos. – Explicou a professora.

– Os toques não legais, não representam carinho, porque não nos sentimos bem com esse contato, geralmente, são feitos por pessoas que nos deixa com medo, com vontade de sair correndo, sem graça, aborrecida, com vontade de chorar, confusa e com raiva. Para esse toque não legal precisamos aprender a falar não. – Confidenciou ela.

NÃO ESTOU GOSTANDO!
PODE PARAR!

E já que esses toques não legais assustam e causam tanto medo, toda criança deve contar para uma pessoa adulta e de sua confiança se alguém colocar a mão em suas partes íntimas, ficar encostando no seu corpo de forma desconfortável, puxar a sua roupa para ver o corpo, insistir em colocá-la no colo, ficar em lugares isolados, escuros e passar a mão no seu corpo. Para esses toques, não legais, diga sempre não! – Finalizou a professora.

– Tem que fazer igual a Ritoca falar não e, se precisar, gritar: ¨não me toca seu Boboca!¨ – Disse a Elisa referindo a personagem do livro que leu.

– É isso aí, Elisa! A coelhinha Ritoca não deu mole, não aceitou a brincadeira do boboca! – Comentou a professora.

Antes da mochila girar Miguel fez uma pergunta:

– Professora Luciana, só pessoas estranhas que gostam de tocar o corpo de criança de forma não legal, de fazer brincadeiras bobas?

– Miguel, pode ser pessoas estranhas ou não. É chato falar, infelizmente, podem ser pessoas que convivem com a criança ou pessoas que moram junto com ela, na mesma casa. São pessoas que chegam sempre de forma amigável, simpática, alegre, atenciosa e como falei podem oferecer até um presente. São pessoas que enganam crianças e até famílias – continuou a professora. – Então atenção: quando uma pessoa conhecida ou não, oferecer-lhes algum presente sem motivo, pedir para guardarem segredos que causam medo, vergonha, raiva ou tristeza ou convidarem para fazer algo escondido, vocês devem contar para os seus pais ou para uma pessoa de confiança. Um segredo estranho, duvidoso, que não pode ser contado, compartilhado, pode sim prejudicar vocês e suas famílias.

Mochila foi passando e a quem tirou a última pergunta foi a Marina.

– Professora Luciana, quais são as leis que garantem a proteção à criança e adolescente ao abuso sexual?

– Estudei sobre isso também. No Brasil, as leis que apresentam regras e explicam o que cada pessoa deve fazer para garantir que os direitos das crianças e adolescentes sejam respeitados e sobre a punição para quem comete o crime de abuso sexual são: a Constituição Federal, o Código Penal e o Estatuto da Criança e do Adolescente (ECA). O estatuto é o mais conhecido e divulgado, desde 1990, com a sua publicação crianças e adolescentes passaram a ser reconhecidas como pessoas que tem direitos garantidos pelas leis e devem ser respeitadas por todos. Já visitamos o Conselho Tutelar e conhecemos os conselheiros tutelares da nossa região. São pessoas responsáveis pelo acompanhamento, proteção e garantia dos direitos da criança e do adolescente, auxiliando famílias e profissionais a entenderem situações difíceis, como de abuso sexual.

ESTATUTO
DA CRIANÇA
E DO
ADOLESCENTE
ECA

Como não havia mais perguntas na mochila a professora Luciana propôs escrever, com ajuda das crianças, algumas dicas interessantes, de segurança, que podem ajudar a diminuir o risco de uma criança e adolescente serem vítimas de abuso sexual. Depois de escritos, fizeram um belo varal de dicas preciosas e penduraram na sala de aula.

CRIANÇA, NÃO PRECISA TER MEDO OU VERGONHA DE FALAR DE COISAS QUE NÃO LHE AGRADAM NO CONTATO COM PESSOAS ADULTAS OU QUE NÃO CONHECE.

DIANTE DE SITUAÇÕES QUE FAZEM VOCÊ SOFRER OU FICAR COM MEDO, CONVERSE SEMPRE COM UMA PESSOA QUE VOCÊ CONFIA, PODEM SER SEUS PAIS, AVÓS, PROFESSORES, TIAS, MADRINHA OU PADRINHO. ESSA PESSOA ESCOLHIDA PODE LHE AJUDAR A ENTENDER COISAS DIFÍCEIS E TOMAR PROVIDÊNCIAS PARA DIMINUIR SEU SOFRIMENTO.

DIGA NÃO PARA TODO TOQUE E COMPORTAMENTO QUE NÃO LHE AGRADA, QUE A(O) DEIXA ENVERGONHADA(O), TRISTE OU ASSUSTADA(O), MESMO QUE SEJA DE UM FAMILIAR OU PESSOA CONHECIDA.

CRIANÇA ESPERTA TAMBÉM SABE DIZER NÃO. PRECISANDO DIGA NÃO.

AO USAR A INTERNET E REDES SOCIAIS, TOME MUITO CUIDADO. CRIANÇAS E ADOLESCENTES NÃO DEVEM COMPARTILHAR NOME, ENDEREÇO E FOTOGRAFIAS SEM CONHECIMENTO E AUTORIZAÇÃO DOS PAIS. MUITO MENOS IR AO ENCONTRO DE UMA PESSOA DESCONHECIDA.

NÃO FAÇA NADA QUE ACHA ERRADO, QUE LHE DEIXA COM MEDO, SÓ POR QUE A PESSOA MAIS VELHA ESTÁ LHE DESAFIANDO, PEDINDO PARA PROVAR QUE É CAPAZ, DANDO PRESENTE OU DINHEIRO PARA CONSEGUIR ALGUMA COISA EM TROCA.

FALE SEMPRE COM SEUS PAIS SOBRE OS SEUS AMIGOS, QUEM SÃO ELES, ONDE MORAM, O TELEFONE E ONDE VOCÊS GOSTAM DE IR.

QUANDO FOR A UMA FESTA EM ESPAÇOS PÚBLICOS OU EM CASA DE ALGUM AMIGO OU AMIGA, PROCURE SEMPRE FICAR ONDE ESTÃO AS PESSOAS SE DIVERTINDO. NÃO ACEITE IR PARA LUGARES ISOLADOS, ESCUROS OU FECHADOS.

NÃO SE GUARDA SEGREDOS DUVIDOSOS SOBRE COISAS QUE VOCÊ NÃO ENTENDE OU PODEM PREJUDICAR VOCÊ OU SEU COLEGA.

Comentando cada dica, a professora achou importante reforçar que usar a internet é bom, ela tem informações interessantes que ajuda a conhecer o mundo e é divertido, mas tem que ter muito cuidado. Do outro lado pode estar uma pessoa que te conquista, fala coisas bonitas que você quer ouvir, mas pode estar compartilhando com vocês coisas impróprias, inadequadas para sua idade, exigindo coisas estranhas e te enganando. Ao usar internet, nada de guardar segredinhos duvidosos! Os recursos tecnológicos são legais e bons, mas tem pessoas que os usam para o mal, como enganar crianças, adolescente e adultos.

Outra coisa importante é, que mesmo atento as essas dicas, caso vocês ou outro coleguinha passe por situações desagradáveis, entre numa encrenca danada e seja vítima de abuso sexual, fique sabendo que a culpa não é de vocês, da outra criança ou adolescente. O culpado dessa situação desagradável e cheia de sofrimento é a pessoa mais velha que você, o adulto que não sabe controlar suas atitudes e comportamentos inadequados e abusivos.

Como já falamos, tem muitas coisas e comportamentos que a gente não entende. Por isso, não precisa esconder nada, vocês ou o colega têm é que falar para uma pessoa confiável, mesmo que a pessoa que assusta e maltrata seja um parente ou uma pessoa muito próxima da família, que deveria cuidar e te proteger.

- Professora, mas a criança pode contar e os pais ou outra pessoa que ela escolheu contar, não acreditar nela – comentou Lucas.

– Lucas, quando uma criança fala sobre o que está acontecendo é porque ela está sofrendo muito. Ela não é responsável pelo que está acontecendo. Ela está revelando algo que precisa ser investigado, ela está pedindo ajuda. É importante que a pessoa adulta acredite nela e procure ajudá-la para entender melhor o que realmente está acontecendo. A pessoa adulta que ouve a criança também precisará de ajuda para entender o que foi revelado pela criança. Ela deve procurar ajuda no Conselho tutelar ou outra instituição responsável para lidar com o assunto. A criança não deve ficar calada por medo ou vergonha. Ela achará sempre uma pessoa confiável, que ajudará a diminuir a sua tristeza.

A turminha estava ouvindo atentamente a professora Luciana quando Miguel falou:

– Professora, como é bom não ter medo de falar sobre assuntos difíceis e até tristes. A gente tem que aprender tanta coisa, não é? A senhora ajudou muito. Mamãe falou que criança é igual gente grande, tem que ser respeitada, bem informada e ser feliz também.

– Meus queridos alunos, tenham sempre coragem de falar e fazer perguntas sobre os assuntos que lhes interessam, mesmo que estes sejam rodeados de mistérios e tristes. Ter uma informação adequada é importante para a construção de uma sociedade mais feliz. Estudar junto com vocês e suas famílias faz parte da minha profissão como educadora e, também, é uma forma de proteção.

CONSELHO
TUTELAR

– Aprendemos muito. Tem muita informação. Dá até para publicar mais um livro sobre a prevenção ao abuso sexual de criança. – Disse Maria Clara.

– E porque não?! - Falou a professora toda empolgada com a ideia. – Podemos preparar o livro e lançá-lo na Feira dos Direitos Humanos. Será mais um livro para ajudar as pessoas a entenderem o assunto. Livros servem para levar informações, encantar pessoas e ajudá-las a construir e entender os conceitos, mudar de opinião, ou seja, adquirir conhecimentos e ter uma vida melhor e, com certeza, proteger crianças e adolescentes.

– É uma forma de compartilhar com as pessoas o que aprendemos com nossas perguntas, estudos e curiosidades. – Completou o Caio.

– Claro crianças, temos agora informações valiosas, que vão ajudar adultos e crianças a diferenciar situações de carinho e proteção das situações perigosas e abusivas. Compartilhar essas informações podem diminuir a tristeza e os riscos das crianças e suas famílias passarem por tantos sofrimentos.

– Nossa próxima tarefa é organizar o material para a campanha que será lançada na Feira dos Direitos Humanos, dia 10 de dezembro. – Finalizou a professora.

– Professora, para fechar a roda de conversa fiz outro verso – disse o Miguel.

- Então, pode apresentar o seu mais novo verso Miguel.

MOCHILA DE PERGUNTAS EM AÇÃO,
VOE PELO MUNDO COMO UM BALÃO,
SEJA A VOZ DA PREVENÇÃO!

FEIRA DOS DIREITOS HUMANOS
SE NÃO É CARINHO NEM PROTEÇÃO, PODE SER...

Os colegas caíram na gargalhada e aplaudiram o entusiasmo do Miguel.

E, com tanta animação e informação, o grupo de trabalho do Miguel fez bonito no dia da Feira dos Direitos Humanos. Com a ajuda da professora Luciana e das famílias, cumpriram a missão, desvendaram os mistérios de mais um tema difícil e com a certeza de que, nenhuma pergunta pode ficar sem resposta, mesmo que seja difícil.

No dia da Feira dos Direitos Humanos, lançaram a campanha e mais um livro sobre o tema que tem como objetivo informar os pequenos e os grandes sobre a importância de falar sobre a prevenção ao abuso sexual de crianças e adolescentes. Um retrato feio da nossa sociedade e que deixa os nossos corações apertados de tristeza.

O bom de todo o estudo foi que a turminha ficou convencida mais uma vez que a arte de perguntar nos traz uma sensação de paz, aprendizado e ótimas reflexões.

FIM

FALE COM A AUTORA

E-MAIL:
mochiladeperguntas@gmail.com

INSTAGRAM:
@mochiladeperguntas

SOBRE A AUTORA

Raquel Simplício Netto Bittencourt é mineira de Belo Horizonte. É formada em psicologia /UFMG, com especialização em Psicopedagogia/UNI-BH, Saúde Mental – Família e Comunidade e em Psicologia Organizacional e do Trabalho/ IEC PUC Minas.

Foi servidora pública durante 33 anos da administração da Prefeitura de Belo Horizonte, sendo estes dedicados à área de direitos sociais, principalmente, à educação. Acredita no que chama de pedagogia preventiva, onde não é necessário deparar com a situação difícil, dolorosa para combater a consequência. É preciso ousar falar sobre o que "não é assunto de criança" ou não deve ser dito, caso contrário, pode virar maldito.

Em setembro de 2018, lançou o livro: "*Mochila de Perguntas: informações sobre o câncer ao alcance dos pequenos e dos grandes*". O livro é o fruto do encontro inesperado com o desconhecido câncer de mama e novas possibilidades de vida. A sua relação com o Sábio Senhor Tempo a inspirou em sair em busca das respostas.

O gosto por escrever livros abordando temas difíceis vem crescendo, pois acredita que o difícil pode ser falado e divulgado. Prevenção é uma chave para uma vida saudável e feliz. Assim, ela segue encarando com mais leveza os desafios, desconfortos e dolorosos descompassos do dia a dia.

O livro, *"Se não é carinho nem proteção pode ser... Uma roda de conversa franca e responsável"*, tem foco na prevenção ao abuso sexual infantojuvenil, nasceu de suas inquietações e tristeza frente aos inúmeros casos divulgados na mídia, sobre as barbaridades relatadas nos crimes de abusos sexuais, que marcam a história de crianças, jovens e adultos e, principalmente, a falta de informações precisas e iniciativas assertivas na área educacional, que deixa a sociedade mais desprotegida e insegura.

Cada dia que passa ela tem a certeza que prevenção começa é na infância.

PRINCÍPIOS QUE ORIENTAM A PROTEÇÃO DAS CRIANÇAS E DOS ADOLESCENTES NO BRASIL

Declaração Universal dos Direitos Humanos - 10 de dezembro 1948.

Art. 1º- Todos os seres humanos nascem livres e iguais em dignidade e direitos. São dotados de razão e consciência e devem agir em relação uns aos outros com espírito de fraternidade.

Declaração Universal dos Direitos Humanos - 10 de dezembro 1948.

Art.3º -Todo ser humano tem direito à vida, à liberdade e à segurança pessoal.

Declaração Universal dos Direitos Humanos - 10 de dezembro 1948.

Art. 6º -Todo ser humano tem o direito de ser, em todos os lugares, reconhecido como pessoa perante a lei.

Declaração Universal dos Direitos Humanos - 10 de dezembro 1948.

Art.19 - Todo ser humano tem direito à liberdade de opinião e expressão; esse direito inclui a liberdade de, sem interferência, ter opiniões e de procurar, receber e transmitir informações e ideias por quaisquer meios e independentemente de fronteiras.

Estatuto da Criança e do Adolescente – ECA

LEI Nº 8.069, DE 13 DE JULHO DE 1990.

Art. 70. É dever de todos prevenir a ocorrência de ameaça ou violação dos direitos da criança e do adolescente.

Constituição da República Federativa do Brasil – Federal 1988

Art. 227 - É dever da família, da sociedade e do Estado assegurar à criança e ao adolescente, com absoluta prioridade, o direito à vida, à saúde, à alimentação, à educação, ao lazer, à profissionalização, à cultura, à dignidade, ao respeito, à liberdade e à convivência familiar e comunitária, além de colocá-los a salvo de toda forma de negligência, discriminação, exploração, violência, crueldade e opressão.

Estatuto da Criança e do Adolescente – ECA

LEI Nº 8.069, DE 13 DE JULHO DE 1990.

Art. 7º A criança e o adolescente têm direito a proteção à vida e à saúde, mediante a efetivação de políticas sociais públicas que permitam o nascimento e o desenvolvimento sadio e harmonioso, em condições dignas de existência.

Estatuto da Criança e do Adolescente – ECA

LEI Nº 8.069, DE 13 DE JULHO DE 1990.

Art. 15. A criança e o adolescente têm direito à liberdade, ao respeito e à dignidade como pessoas humanas em processo de desenvolvimento e como sujeitos de direitos civis, humanos e sociais garantidos na Constituição e nas leis.

Estatuto da Criança e do Adolescente – ECA

LEI Nº 8.069, DE 13 DE JULHO DE 1990.

Art. 18. É dever de todos velar pela dignidade da criança e do adolescente, pondo-os a salvo de qualquer tratamento desumano, violento, aterrorizante, vexatório ou constrangedor.

RECADO PARA OS PAIS E ADULTOS QUE CONVIVEM COM CRIANÇAS E ADOLESCENTES

POR QUE É IMPORTANTE FALAR SOBRE A PREVENÇÃO AO ABUSO SEXUAL INFANTOJUVENIL?

Falar sobre abuso sexual em crianças e adolescentes não é fácil mesmo, mas é necessário e urgente. Falar e orientar uma criança e adolescente é uma medida de proteção e de segurança. Meninos e meninas precisam apropriar-se do conhecimento sobre o assunto e fortalecer os laços afetivos com pessoas confiáveis e presentes em suas vidas: pais, avós, tios, professores ou outras pessoas próximas da família. No primeiro momento, são pessoas confiáveis sim e têm a missão de protegê-los.

Educar uma criança é prepará-la para a vida. A vida nos apresenta coisas boas e nos expõe a perigos. Oferecer informação adequada é a melhor forma de prevenção. A criança precisa e tem direito de viver de forma protegida, com segurança e com a certeza que pode ser feliz! Por isso, é fundamental dialogar com a criança e adolescente, acolher suas dúvidas, curiosidades, necessidades e o seu sofrimento. Educar é praticar a arte da convivência, é também "conectar com o sagrado que mobiliza um ser humano"! E sagrado aqui são os sentimentos, desejos, anseios, medos e possibilidades de vida dos nossos pequenos.

Por isso, a educação sexual é importante. Educação sexual é falar sobre a vida. Sua essência está na promoção da saúde física, psíquica e social e, consequentemente, segurança. Quando a família e escola ensinam e falam sobre o assunto, pode inviabilizar o controle do conhecimento da criança ou adolescente por parte do abusador. As crianças e adolescentes que recebem informações adequadas no âmbito da família e da escola, estão mais seguras, preparadas para identificar e defender-se de situações abusivas.

Não existe idade para estabelecer essa relação de cuidado focada na atenção, informação e orientação. O importante é ter conhecimento preciso sobre o assunto, que ajudará pais ou responsáveis a descobrirem estratégias apropriadas para manter o diálogo natural quando o assunto envolve suspeita de um ato abusivo. Orientem-se pela fase do desenvolvimento da criança, suas manifestações comportamentais, de interesse e nível de compreensão.

Crianças e adolescentes precisam ser respeitados quando falam não. Esse "NÃO" precisa ser interpretado dentro do contexto onde ele é manifestado. Aprender a falar "não" para situações que causam desconforto é uma forma de proteção e pode evitar sofrimentos.

É igualmente apropriado conversar com as crianças e adolescentes sobre suas reações intempestivas, estranhas, posturas arredias, manifestações de medo, repulsa a ambientes e aproximação de pessoas, são situações que não podem ser adiadas. Uma criança ou adolescente vítima de abuso sexual sofre muito. O impacto do abuso sexual vai variar de criança para criança, considerando alguns aspectos: caracterização do abuso, nível de aproximação com o abusador, frequência e outros. É certo que o sofrimento da criança e do adolescente é muito profundo quando eles não conseguem falar sobre o que viveu, que te fez ou faz sofrer e ter medo. Torna-se um tormento ainda maior quando falam e, infelizmente, são desacreditadas e não conseguem amparo no seu pedido de socorro.

Destaco que acompanhar de perto a rotina de uma criança e adolescente, ouvir e responder suas perguntas, observar seu comportamento e diante de qualquer dúvida conversar de forma amigável e confiável, é fundamental para reconhecer situações que podem apresentar sinais de abusos sexuais e, se necessário, tomar providências. Não podemos eternizar a lei do silêncio e da omissão frente tamanha violência física e psíquica.

Nem todas as crianças e adolescentes conseguem falar sobre o que está incomodando e acontecendo por temerem por castigos, mas podem manifestar comportamentos diferentes, que não podem ser ignorados pelo adulto. A relação de poder é que qualifica o abuso sexual e, nessa relação, a criança ou adolescente é sempre constrangido, ameaçado por um adulto abusador. Listo aqui alguns sinais que podem estar relacionados ao abuso sexual: irritabilidade; agressividade; dificuldades de aprendizagem na escola, de se relacionar com outras crianças e pessoas adultas; não quer ir à escola; fica amuada, triste; apresenta dificuldades para dormir, tem pesadelos; recusa comer ou come demais; fica insegura, desamparada; pode voltar a fazer xixi na cama, chupar dedo; tem crises de raiva sem motivação aparente; sente medo sem explicação; se isola; pode apresentar sinais físicos, como dor, feridas, manchas no corpo, coceira nas partes genitais; aparece com presentes e dinheiro e se enrola para falar sobre a procedência; deixa de brincar; começa a manifestar comportamentos diferentes para a sua idade e não consegue lidar com pequenas frustrações.

Mas atenção, esses sinais podem apenas chamar a atenção dos pais ou de outros adultos sobre as dificuldades da criança ou adolescente, não são sinais seguros certos de confirmação de abuso sexual.

Diante do relato da criança, procure manter a calma, não manifeste desespero, não coloque o relato sob os moldes de julgamentos e não faça perguntas que induza e/ou contamine a revelação do fato. Acolha o relato demonstrando disponibilidade para entender e auxiliar no que for preciso. Após o relato, procure observar o comportamento da criança, suas reações diante de situações onde pessoas envolvidas estejam presentes.

Por mais difícil e sofrido que seja, você é uma pessoa de confiança, foi eleita pela criança para poder ajudá-la. Sua postura e a qualidade da sua acolhida farão diferença na solução do caso e amenização de sofrimento. Por isso, você também precisará de ajuda para entender o que está acontecendo. Buscar a informação adequada é importante, faz parte da prevenção e te ajudará a tomar providências assertivas.

Diante de tudo isso, caso a revelação e observações apresentem indícios de práticas abusivas, os pais ou o adulto, conhecedor da situação devem procurar ajuda, denunciar aos órgãos competentes, que têm a função de investigar o caso de forma adequada e segura, protegendo assim a criança, a família e o denunciante. O caso requer uma avaliação complexa, responsável e profissional. Até que se comprove o fato o que temos é uma triste suspeita. Um caso malconduzido pode trazer mais dificuldades para a criança quanto para a família.

Romper com o silêncio que envolve esse crime é papel fundamental dos adultos. As denúncias podem ser feitas no Conselho Tutelar, disque 100 (o serviço pode ser considerado como "pronto socorro" dos direitos humanos), delegacias especializadas ou comuns; Ministério Público; equipamentos públicos da área de assistência social e instituições de proteção social a crianças e adolescentes vítimas de violência, abuso e exploração sexual e acompanhamento às suas famílias.

Enfim, lembre-se sempre:

SE NÃO É CARINHO NEM PROTEÇÃO PODE SER... ABUSO SEXUAL.

Construindo ideias
e conectando mentes

Este livro foi composto com tipografia Delicious Roman
e impresso em papel Couché 115g/m² na
Gráfica Formato em abril de 2021.